BEI GRIN MACHT SICH IHR WISSEN BEZAHLT

Bibliografische Information der Deutschen Nationalbibliothek:

Die Deutsche Bibliothek verzeichnet diese Publikation in der Deutschen National-
bibliografie; detaillierte bibliografische Daten sind im Internet über http://dnb.d-
nb.de/ abrufbar.

Impressum:

Copyright © 2016 GRIN Verlag, Open Publishing GmbH
Druck und Bindung: Books on Demand GmbH, Norderstedt Germany
ISBN: 9783668306004

Dieses Buch bei GRIN:

http://www.grin.com/de/e-book/340802/bitcoins-technische-grundlagen-der-digita-
len-waehrung

Stephanie Lüders

Bitcoins. Technische Grundlagen der digitalen Währung

GRIN Verlag

GRIN - Your knowledge has value

Der GRIN Verlag publiziert seit 1998 wissenschaftliche Arbeiten von Studenten, Hochschullehrern und anderen Akademikern als eBook und gedrucktes Buch. Die Verlagswebsite www.grin.com ist die ideale Plattform zur Veröffentlichung von Hausarbeiten, Abschlussarbeiten, wissenschaftlichen Aufsätzen, Dissertationen und Fachbüchern.

Besuchen Sie uns im Internet:

http://www.grin.com/

http://www.facebook.com/grincom

http://www.twitter.com/grin_com

DIGITALE WÄHRUNG

Bitcoins

Datum: 6. Juni 2016

Autorin: MA Stéphanie Lüders

Kurs: IINF

Inhaltsverzeichnis

1. Einleitung

„If people of the nation would understand our banking and monetary system, I believe there would be a revolution before tomorrow morning." (Henry Ford)

Unser Geld wird durch die Zentralbanken der einzelnen Staaten gesteuert. Die Europäische Zentralbank reguliert die jährliche Menge an Geld, die im Umlauf ist. Sie ist dafür verantwortlich, dass der Wert des Euro stabil bleibt, damit eine Deflation vermieden wird und die Inflation nicht zu schnell steigt. Bankkonten sorgen dafür, dass das Geld kontrollierbar und weitgehend zurückverfolgbar ist [1]. Wir zahlen Zinsen, Gebühren und Steuern auf unser Geld. Das Geld ist unbegrenzt vorhanden und es ist ständig im Umlauf. Es gibt Schwarzgeld, Betrug und Kriminalität. Geld ist nicht mehr nur ein Tausch- und Zahlungsmittel [2]. Aber es ist ein System, das jeder kennt und das seit Jahrhunderten mehr oder weniger funktioniert.

In unserem digitalen Zeitalter mit Internet und Internetbanking fehlt nur noch eine digitale Währungsrevolution, die weltweit akzeptiert wird. Ein neues dezentrales System, das unabhängig von staatlichen, politischen und wirtschaftlichen Einflüssen ist. Eine Währung, die jederzeit greifbar und eintauschbar ist. Eine Währung, die auch in Entwicklungsländern leistbar ist. Eine Währung, die eine Weltwirtschaftskrise vermeiden kann.

Seit 2009 gibt es einen Versuch eine solche digitale Währung zu erschaffen. Ein bislang noch unbekannter, unter dem Pseudonym „Satoshi Nakamoto" aufscheinender Programmierer erfand 2009 die Bitcoins: eine digitale Währung, die mit Hilfe von mathematischen Verschlüsselungsberechnungen und Kryptographie [3], im Umlauf ist. Es ist nicht bekannt welche Ziele dieser Programmierer mit seiner Erfindung ursprünglich hatte. In dieser Arbeit werden die technischen Grundlagen sowie die Vor- und Nachteile seiner Erfindung dargestellt. Die Arbeit schließt mit einem Ausblick in zukünftige Erwartungen bezüglich Bitcoins ab.

2. Entwickler

Im Jahre 1998 beschreibt ein Programmierer, Wei Dai, in einer Cyberpunk Mailingliste das erste Mal die Idee von einer „Kryptographie anstelle einer zentralen Autorität [...] um die Herstellung und Transaktion zu kontrollieren" [7].

Der Bitcoin- Erfinder ist bis heute nicht bekannt. Ob der US Amerikaner Dorian Nakamoto [3] oder der Australier Craig Steven Wright, der unter dem Pseudonym Satoshi Nakamoto der Erfinder von Bitcoin ist, lässt sich nach heutigem Stand nicht gänzlich beweisen [4].

Nakamoto bewies 2009 seine Fähigkeiten der Programmierung der Bitcoin- Kryptophragphie in einer öffentlichen Mailingliste. 2010 zog er sich von den Medien wieder zurück ohne detaillierte Informationen über sich preiszugeben. Er wollte anonym bleiben. Da das Bitcoin- Netzwerk seitdem exponentiell gewachsen ist und die Weiterentwicklung des open-source Projekts nicht mehr in seiner Hand liegt, ist die Identität des Erfinders von Bitcoin nicht mehr von Bedeutung [7].

Der schweizer Programmierer Stefan Thomas erfasste die Uhrzeiten der Forumsbeiträge, die Nakamoto in den letzten Jahren online gepostet hatte in einer Statistik. Der Programmierer beobachtete, dass Herr Nakamoto zwischen 5 und 11:00 Uhr früh nie einen Beitrag gepostet hatte und es daher wahrscheinlich Nacht sein musste. Die Zeitzone, in der er sich aufhielt, muss in der Karibik oder in Nord- Mittel- oder Südamerika sein [5].

3. Technische Grundlagen

3.1. Bitcoins

Bargeldloses Bezahlen mit Bankomat- oder Kreditkarte ist bereits weltweit bekannt und weit verbreitet. Das Bezahlen einer Ware erfolgt in derselben Währung. Im Gegensatz zum bargeldlosen Bezahlen, wird bei der virtuellen Währung ein Betrag in eine neue virtuelle Währung, z.B. Bitcoins getauscht. Mit dieser virtuellen Währung kann man weltweit handeln [1]. Es gibt keinen Geldverlust durch Wechselkurse oder Gebühren. Das Bitcoin-Protokoll und die Software sind allgemein einsehbar und jeder Entwickler auf der ganzen Welt kann den Code begutachten oder eine eigene modifizierte Version der Bitcoin-Software erschaffen [7].

Der aktuelle Umrechnungskurs [2] der virtuellen Währung wird über die Internetseite des jeweiligen Anbieters veröffentlicht. Über eine solche Internetseite hat der Kunde die Möglichkeit einen realen Geldbetrag einzuzahlen, der auf ein virtuelles Konto gutgeschrieben wird. Der Kunde kann dann „virtuelle Waren und Dienstleistungen unkompliziert und rasch bezahle [sic!]" [1].

Bitcoin ist eine Form des Geldes, die als eigenständige Währung funktionieren soll. Bitcoin ist digital, kryptographisch und dezentral. Es funktioniert in einem globalen Zahlungsnetzwerk, weil es dezentral arbeitet. Die sogenannte „Blockchain" ist das Herzstück von Bitcoin. Die Blockchain ist eine öffentliche Datenbank aller Transaktionen, die im Netzwerk verteilt wird. Jeder Teilnehmer hat eine Kopie von dieser Datenbank. Das bedeutet, dass jeder Teilnehmer jede Transaktion nachvollziehen kann, weil alle Transaktionen auf jedem registrierten Computer gespeichert werden. Da jede

Transaktion durch kryptographische Verschlüsselungstechnologie anonym bleibt, ist es unmöglich die Identität des Absenders oder des Empfängers herauszufinden [4].

Es gibt zwei Arten von Teilnehmern im Netzwerk: Die gewöhnlichen Nutzer laden eine spezielle Software herunter und haben Einblick auf alle Transaktionen. Die andere Art von Teilnehmern sind die „Miners". Diese sind dafür zuständig das gesamte Netzwerk aufrechtzuerhalten. Die Miners synchronisieren einerseits die dezentrale Datenbank und sichern die Transaktionen in sogenannten „Blocks". Jede Transaktion, die stattfindet, wird von den Minern gesammelt. Alle 10 Minuten werden die Transaktionen in einem Block zusammengefasst, der digital signiert wird und an die Datenbank angehängt wird. Je mehr Transaktionen durchgeführt werden, desto mehr Blocks entstehen. So entstehen die Blockchains. Damit ein Block generiert werden kann, ist eine große Rechenleistung notwendig um die digitale Signatur zu erstellen. Es müssen verschiedene mathematische Probleme gelöst werden damit der Block digital signiert werden kann. Für die Rechenleistung, die der Miner für diesen Block generiert, erhält der Miner 25 Bitcoins (BTCs) als Belohnung. Auf diese Weise kommen neue Bitcoins in das System. Alle 2 Jahre wird diese Belohnung halbiert. Da die Menge an BTCs mit 21 Mio Stück begrenzt ist und die Menge der BTCs alle 2 Jahre halbiert wird, endet die Ausschöpfung der vorhandenen BTCs ungefähr im Jahre 2033 [10].

3.2. Bitcoinbeschaffung

Es ist möglich Bitcoins (z.B: für Euro oder Dollar) im Internet zu kaufen. Bekannte Beispiele sind z.B: bitstamp oder coinimal.com. In Graz steht der erste österreichischen Wechselautomat, in dem man Euro-Scheine einzahlen kann und sich online BTCs gutschreiben lassen kann. Früher konnte man über „mining" an Bitcoins kommen. Heutzutage wird das eher von größeren Unternehmen, wegen der hohen Rechenleistung durchgeführt.

Eine weitere Möglichkeit Bitcoins zu erhalten, ist der Verkauf von Produkten oder Dienstleistungen. In Graz (Lendplatz) führt Herr „Siegfried" sein Lokal, indem man mit Bitcoins bezahlen kann. Die online Essenszustellung „lieferservice.at" bietet ebenfalls die Bezahlung mit Bitcoins an.

Jeder Arbeitnehmer kann außerdem seinen Arbeitgeber darum bitten ihn in Bitcoins auszuzahlen. In Deutschland, Frankreich und England ist die Bitcoin Auszahlung schon wesentlich gängiger als in Österreich.

3.3. Wallets und Transaktionen

Um Bitcoins zu verwenden braucht man Wallets, die einer digitalen Geldbörse entsprechen. Die Wallets existieren in Form einer Software, die man sich auf den PC installiert. So kann man auf seine BTCs zugreifen. Die Wallet Software hat eine Sammlung von Adressen, die wie eine Kontonummer bei der Bank funktioniert. Man kann beliebig viele Adressen in diese Software generieren. Die Bitcoin Adresse besteht aus einem Public Key und einem Private Key. Beide Schlüssel sind miteinander verknüpft. Das Private Key entspricht dem persönlichen Passwort und das Public Key agiert wie eine IBAN- Nummer im herkömmlichen Banksystem. Wenn man Bitcoins empfangen möchte, muss man dem Absender seine Adresse mitteilen. Die Adressengenerierung ist kostenlos und steht sofort zur Verfügung.

Wenn man mit Bitcoins bezahlt, muss man die Transaktion digital signieren. Nur wenn der Private Key mit der Adresse übereinstimmt, wird die Transaktion durchgeführt. Damit bestätigt man seine Identität. Wenn man den Private Key verliert, gibt es keine Möglichkeit mehr diesen wiederherzustellen. Wenn jemand den Private Key stiehlt, ist er der neue Inhaber und kann komplett über die fremden Bitcoins verfügen. Die Transaktionen werden an die Miners geschickt, die nach Freigabe den Überweisungsbetrag an das gesamte Netzwerk verteilen. Nur der Empfänger, der den Schlüssel zur Transaktion hat, kann den Betrag empfangen. Es gibt nur Push- Transaktionen, keine Pull- Transaktionen. Das heißt, man kann nur Geld überweisen. Man kann kein Geld wie in einem Lastschriftverfahren einziehen [4].

3.4. Annahme von Zahlungen

Es ist möglich direkt über ein Wallet zu bezahlen. Der QR- Code kann dann z.B. direkt über ein Handy eingelesen bzw. gescannt werden. Das kleinste Pub in Graz „Herr Siegfried" ist das erste Lokal in Graz, in dem man auf diese Art und Weise bezahlen kann [11].

Eine andere Möglichkeit Zahlungen anzunehmen, ist über einen Zahlungsdienstleister wie z.B. Bitpay. Dort kann man das Geld verwahren oder in eine andere Währung wie z.B. Euro oder Dollar wechseln. Im Gegensatz zu Kreditkarten oder Banken werden keine Gebühren für die Verwahrung oder Transaktionen verlangt.

Auf der Website coinmap.org [12] kann man nach Unternehmen in seiner Nähe suchen, in denen man mit Bitcoin bezahlen kann. Einige Online-Anbieter wie z.B: lieferservice.at [12], Microsoft oder DEL akzeptieren ebenfalls Bitcoins als Zahlungsmittel.

4. Vor-und Nachteile

VORTEILE:

Die Vorteile einer solchen „Krypto-Währung" wie Bitcoin sind vielfältig. Der größte Vorteil ist, dass die Währung dezentralisiert ist. Der Kunde oder Nutzer benötigt keine Bank oder Bankberater mehr. Diese Dienstleitungen werden ohne Vorurteile und Manipulation durch die Blockchain gelöst. Der

Besitz kann digital von einer Person zur anderen übertragen werden. Es gibt keine zentrale Autorität wie die Zentralbanken mehr. Weltweite Transaktionen können innerhalb von Sekunden ohne zusätzliche Gebühren erfolgen.

Ein weiterer Vorteil ist die hohe Datensicherheit durch die kryptographische Verschlüsselungstechnik.

Das Bitcoin-System ist nicht schuldenbasiert. Es können daher keine Minusbeträge auf der Wallet auftreten. Rückverbuchungen, Lastschriftverfahren und Schulden sind somit nicht möglich.

Da die Geldmenge auf 21 Mio BTCs festgelegt ist, ist kein beliebiges Gelddrucken möglich. Die Ausschüttungsobergrenze führt dazu, dass die Währung auf lange Sicht stabil bleibt [7]. Der Betrag ist im Quellcode der Software definiert und wird nicht verändert. Wenn der Grenzbetrag verändert werden würde, müssten alle Nutzer auf der ganzen Welt sich einig sein, dass der Grenzbetrag erhöht werden soll und die Gesamtheit der Nutzer müsste die Software von ihrem Computer deinstallieren. Das ist praktisch unmöglich [4].

Personen können Geld erhalten auch ohne ein Bankkonto zu besitzen. Derzeit haben etwa 2,5 Milliarden Menschen kein Bankkonto. Durch die Bitcoin Technologie kann man über das Handy Überweisungen tätigen. Besonders in Entwicklungsländern ist diese Form des Handelns sinnvoll und finanziell leistbar [4].

NACHTEILE:

Der größte Schwachpunkt der Bitcoin- Technologie ist, dass der „Private Key" gestohlen werden kann. In diesem Fall ist der Dieb der neue Inhaber der gestohlenen Bitcoins und kann über die fremden Bitcoins komplett verfügen [4].

Ein weiteres wichtiges Argument gegen digitale Währungen sind mögliche Hackerangriffe im Netz. Da das virtuelle Währungssystem computerbasiert ist und online funktioniert, kann es nicht ausgeschlossen werden, dass auch die komplexesten Algorithmen von versierten IT-Spezialisten/innen gehackt werden. Allerdings ist die Kryptographie momentan die sicherste Verschlüsselungsmethode. 2014 wurden Bitcoins im Wert von 300 Mio Euro gestohlen. Solche „Anschläge" im digitalen Netz verunsichern die Bevölkerung und beweisen eine unzureichende Sicherheit im System.

Der Missbrauch anonymer Zahlungen für Geldwäsche und zur Terrorfinanzierung ist durchaus vorhersehbar. Die Peer-to-Peer-Zahlungen sind blitzschnell und anonym, was sie für illegale

Geschäfte wie Geldwäscherei oder für die Finanzierung von Terroraktionen sehr attraktiv machen. Eine Fahndung ist nahezu unmöglich.

Die Volatilität (Wechselhaftigkeit der Kursschwankungen) der Währung ist extrem hoch. Da das Marktvolumen noch recht niedrig ist, genügt eine einzige Transaktion eines Großanlegers um größere Auswirkungen auf diesem Markt zu erzielen. Das Bekanntwerden von Sicherheitslücken und das dadurch entstandene Misstrauen führen ebenfalls zu Kursschwankungen. Wenn Staaten den Handel für größere Banken verbieten, sind Kurseinbrüche vorhersehbar.

Abschließend besteht Deflationsgefahr wenn das virtuelle Geld eingekauft aber nicht wieder in den Umlauf gebracht wird. Das könnte passieren wenn die Nutzer hohe Kursanstiege erwarten. Die digitale Währung könnte auf diese Weise als Spekulationsmittel enden. Um das zu vermeiden, beginnen immer mehr junge Start-ups immer mehr Produkte und Dienstleistungen anzubieten, die die Kunden wirklich in BTCs kaufen.

5. Zukünftige Erwartungen

Bitcoin ist nur die erste digitale Währung. Da das Bitcoin-System open-source ist, also der Quellcode für alle User einsehbar und veränderbar ist, kann jeder Nutzer ein neues Bitcoin erstellen. Mittlerweile gibt es schon andere Coin- Alternativen wie z.B. NXT, Counterparty oder Ethereum. Diese versuchen die Bitcoin-Technologie auszuweiten und auf andere Bereiche anzuwenden. Es wird daher in Zukunft noch weitere dezentrale Systeme geben, in denen z.B. Produkte wie auf einem Marktplatz gehandelt werden können. Da es keine zentrale Autorität mehr gibt, die die Daten in den Blockchains löscht, wird es vermutlich keine illegalen Produkte mehr zu kaufen geben [4].

Laut einer österreichischen Umfrage ist ein bargeldloses System undenkbar. Für viele Österreicher bedeutet Geld nicht nur ein praktisches Zahlungsmittel, sondern hat auch Tradition. Bargeld ist ebenfalls anonym und für viele Menschen handlicher und verständlicher, da es auf alten Gewohnheiten beruht. Ohne Bargeld gäbe es laut Umfrage nicht mehr die Möglichkeit jemanden etwas zuzustecken [9].

Finanzielle Krisen in der Weltwirtschaft werden das Interesse von Spekulanten und Investoren an der digitalen Währung erhöhen. Da Hackerangriffe im Bankwesen nicht ausschließbar sind, wird das Argument der Datensicherheit vermutlich abgeschwächt werden. Abschließend ist zu bemerken, dass die Sicherheitsalgorithmen noch in der Entwicklungsphase sind und sich im Laufe der Jahre verbessern werden. Dadurch werden die Hackerangriffe wahrscheinlich geringer werden [9].

6. Literaturverzeichnis

[1] Anonym, „Geldundso.at," [Online]. Available: https://www.geldundso.at/geld-und-banken/was-ist-eine-zentralbank/. [Zugriff am 02 06 2016].

[2] Anonym, „Wikipedia," 25 05 2016. [Online]. Available: https://de.wikipedia.org/wiki/Geld. [Zugriff am 02 06 2016].

[3] Anonym, „Wikipedia," 30 05 2016. [Online]. Available: https://de.wikipedia.org/wiki/Kryptographie. [Zugriff am 02 06 2016].

[4] Anonym, Bitcoin Project 2009-2016, [Online]. Available: https://bitcoin.org/de/faq. [Zugriff am 02 06 2016].

[5] A. Kannenberg, „www.heise.de," 17. 03. 2014. [Online]. Available: http://www.heise.de/newsticker/meldung/Angeblicher-Bitcoinerfinder-Dorian-Nakamoto-streitet-alles-ab-2148324.html. [Zugriff am 01. Juni 2016].

[6] J. Seeger, „www.heise.de," 02 05 2016. [Online]. Available: http://www.heise.de/ix/meldung/Satoshi-Nakamoto-Australischer-Unternehmer-erklaert-sich-zum-Bitcoin-Erfinder-3195096.html. [Zugriff am 01 06 2016].

[7] Anonym, „www.wikipedia.org," 31 05 2016. [Online]. Available: https://en.wikipedia.org/wiki/Satoshi_Nakamoto. [Zugriff am 01 06 2016].

[8] unbekannt, „http://www.ooe-zukunftsakademie.at," 2015. [Online]. Available: http://www.ooe-zukunftsakademie.at/Zukunftsthema_digitaleWaehrung_2015.pdf. [Zugriff am 01. Juni 2016].

[9] unbekannt, 2016. [Online]. Available: http://coinmarketcap.com/. [Zugriff am 01. Juni 2016].

[10] „You Tube," Liberty Event Graz, [Online]. Available: https://www.youtube.com/watch?v=S9d0YcGwxbs&list=PL5qusMCqBdTux0vh_-TURcYiXU8LhRAJQ. [Zugriff am 02 06 2016].

[11] H. Siegfried. [Online]. Available: http://www.herrsiegfried.at/. [Zugriff am 02 06 2016].

[12] Openstreetmap, „Coinmap," [Online]. Available: https://coinmap.org/welcome/. [Zugriff am 02 06 2016].

[13] Unbekannt, „takeaway.com," [Online]. Available: http://www.lieferservice.at/. [Zugriff am 02 06 2016].

7. Anhang: Handout

1. Was ist Bitcoin?

- o Digitale Währung (BTC)
- o Dezentral
- o Kryptographisch

2. Was ist Bitcoin?

- o peer-to-peer Netzwerk
- o open source
- o Streng limitiert: max. 21 Millionen Bitcoins, wegen der 8 Nachkommastellen, Umwandlung in Bits
- o 1 BTC= 100.000.000 Satoshis

3. Blockchain

- o Öffentlich Datenbank aller Transaktionen, die im Netzwerk verteilt wird
- o Jeder Teilnehmer hat eine Kopie von der Datenbank
- o Jeder kann jede Transaktion einsehen
- o Anonymität ist User- definiert

4. Mining

- o Synchronisiert die dezentrale Datenbank
- o Sichert Transaktionen in Blocks
- o 25 BTCs als Belohnung
- o „Halbwertszeit"- 21 Mio BTCs

5. Vorteile

- o Blockchain statt Bank/ Bankberater
- o Keine zentrale Autorität
- o Geringe Gebühren
- o Schnelle Transaktionen
- o Weltweite Zahlungen möglich
- o Personen können Geld erhalten auch ohne Bankkonto
- o Hohe Datensicherheit

- o Keine Rückverbuchungen
- o Keine negativen Kontostände- nicht schuldenbasiert, keine Minusbeträge auf der Wallet möglich
- o Geldmenge fixiert
- o Kein beliebiges Gelddrucken möglich – im Quellcode der software definiert, dass 21 Mio. BTCs generiert werden.

6. Nachteile

- o Diebstahl des Private Key
- o Hackerangriffe
- o Missbrauch u. Terrorfinanzierung
- o Volatilität→ Kurseinbrüche
- o Deflationsgefahr

7. Wallet-Anwendung von Bitcoin

- o Digitale Geldbörse
- o Adresse besteht aus private und public key

8. Wie kommt man zu Bitcoins?

- o Online kaufen für €, $. Z.B. Bitstamp
- o In Österreich: bitcoinbon.at oder bitcoinsofortkaufen.com
- o Mining (eher von Unternehmen, nicht mehr Einzelpersonen, wegen der hohen Rechenleistung)
- o Produkte oder Dienstleistungen verkaufen (Graz: Lendplatz!, Microsoft, DEL)

9. Zukünftige Erwartungen?

- o Entwicklung weiterer digitale Währungen
- o Weitere dezentrale Systeme
- o In Österreich weniger Akzeptanz

BEI GRIN MACHT SICH IHR WISSEN BEZAHLT

- Wir veröffentlichen Ihre Hausarbeit,
  Bachelor- und Masterarbeit

- Ihr eigenes eBook und Buch -
  weltweit in allen wichtigen Shops

- Verdienen Sie an jedem Verkauf

Jetzt bei www.GRIN.com hochladen
und kostenlos publizieren